Johannes Lieder **herzoffen**

Johannes Lieder

herzoffen

Inspirationen zur Zukunft der Religionen

echter

Inhalt

3.
Auf der Schwelle zum gelobten Land: Der Sehnsucht vertrauen — 63

4.
Unterwegs im Neuland: Leidenschaftlich lieben — 99

Vorwort

Wir leben in einer Zeit radikaler gesellschaftlicher und individueller Umbrüche und Herausforderungen. Um sich nicht ängstlich in starre Positionen und Fundamentalismen zu verschanzen, braucht es einen tiefen Halt wie eine Art mitgehende Heimat und eine wirksame Kraftquelle in der eigenen Person. Nur sie kann zu der Herzoffenheit befreien, die zur kreativen Gestaltung einer menschenwürdigen Zukunft heute notwendig ist.

Die dynamische revolutionäre Wirklichkeit, die wir mit „Gott" bezeichnen, ist nicht objektiv konservierbar, sondern muss als ein solcher Halt und eine solche Quelle immer neu individuell entdeckt und erlebt werden. Glaube, Spiritualität, Religionen und Kirchen werden nur als erfahrene Begleiterin auf diesem Suchweg Bestand haben.

Gerade die Aufgebrochenen, die existentiell suchenden Menschen unserer Tage haben oder finden aber meist keinen Zugang mehr zu traditionellen Gottesbezeichnungen. Besonders die christlich dogmatisch übermalte Glaubensgestalt Jesu von Nazareth strahlt nicht mehr aus.

Je mehr die göttliche Wirklichkeit für mich lebendig wird, desto deutlicher kann ich solche Schwierigkeiten nachvollziehen und sie werden für mich zu einer Herausforderung. Denn sicher bleibt es sinnvoll, auch immer wieder Worte, Begriffe und Bilder für das Geheimnisvolle zu finden, um damit als Menschen der Sprache und Kommunikation umzugehen. Aber ebenfalls immer wieder muss klar bleiben, dass alle Sprachversuche nur punktuelle und zeitbedingte Erstarrungen der Energielava sind, mit der wir es bei den Gründen und Abgründen unseres Kosmos zu tun haben. Um hier auf der Spur des lebendigen Göttlichen zu bleiben, ist immer neu innerer und manchmal auch äußerer

Aufbruch und Wandel notwendig!
Der Versuch in meinem ersten Buch „Auf Schatzsuche“, die oft formelhaft benutzten christlichen Bezeichnungen neu mit Leben zu erfüllen, scheint mir heute und hierzulande nur noch in einem sehr begrenzten christlichen Milieu möglich zu sein.

Von vielen Menschen, die in dieser christlichen Glaubenswelt mit ihrem Sprachgewand Heimat suchen, habe ich sehr erfreuliche Rückmeldungen bekommen. Aber ich spüre gerade auch aufgrund eigener innerer Erfahrung deutlich, wie mich „der Geist“ – christlich formuliert – herausfordert über diese Grenzen hinaus. Ein urmenschlicher Lebensimpuls, wie er wohl einst z. B. auch Mose bewegte: „Eines Tages trieb er das Vieh über die [gewohnte] Steppe hinaus und kam zum Gottesberg ...“ Und dort, in der Grenzerfahrung, vernimmt er die Stimme: „Und jetzt geh!“ (nach Exodus 3,1 und 10).

Hat Jesus, der „Menschensohn“, nicht eine „frohe Botschaft“ ganz neuer Dynamik für alle Menschen ausgerufen? Wollte er nicht mit seiner umstürzenden Vergegenwärtigung wirkmächtiger Liebe, die er das Reich Gottes nannte, die Menschen von den Ketten innerer und äußerer Gewalt und Leid befreien? Ist daher der Kern seines Anliegens nicht universaler zu formulieren als in binnenchristlichen Katechismuswahrheiten, seien sie auch noch so authentisch in heutige Sprache übersetzt? Auf den Punkt gebracht: Müssen ChristInnen nicht gerade im Sinne Jesu immer wieder aus dem Religionssystem aufbrechen, das aus seiner dynamischen Lebensbotschaft geworden ist und ihr heute vielfach im Wege steht?

Auf der Spur der eigenen mystisch-spirituellen Erfahrung müssen wir ChristInnen viel radikaler unser Glaubenszelt abbauen und ihn im Herzen mitnehmen auf den Weg zu neuen Ufern in den Dialog mit den Suchenden in und jenseits aller Religion(en) – in der Gewissheit, dass wir alle aus einem Boden gewachsen sind.

Und auch für alle anderen Religionen wird sich an der Bereitschaft zu einer solchen radikal neuen Suchbewegung ihre Zukunftsfähigkeit erweisen.

Die einführenden Gedanken der vier Kapitel zeugen von meinem weiteren inneren Weg und seiner Reflexion seit Ende 2011. Mit den Zwischenüberschriften greife ich den Urtypus des Befreiungsweges des Volkes Israel aus der Sklaverei in Ägypten auf und aktualisiere ihn programmatisch für die christlichen Kirchen und die anderen Religionen.

Die vorgelegten Gedichte und Texte sind gleichsam Blüten am Wegrand dieser Entwicklung. Ich verwende bewusst statt eines durchformulierten Fließtextes diese verdichtete, intuitive und subjektive Ausdrucksform, um den individuellen Erfahrungen der Lesenden zwischen den Zeilen Raum zu lassen.

Und sind diese Worte die Blüten, dann ist das „Gebet der Liebe“ am Ende des Buches die Frucht dieses Weges, die meine Erfahrungen auf den Punkt einer sehr offenen spirituellen Praxis bringt.

Manche Bilder und Formulierungen mögen den einen zu weit gehen und unangemessen oder gar blasphemisch erscheinen, den anderen mögen sie immer noch zu vorsichtig, zu „fromm“ oder nach Predigt klingen. So ist das eben, wenn wir anfangen, persönlich und leidenschaftlich von unseren subjektiven Erfahrungen und gewachsenen Vorstellungen eines Göttlichen zu sprechen, ohne Denk- und Fühlverbote. Deshalb stelle ich diese meine oft sehr persönlichen Inspirationen dem respektvollen Gespräch zur Verfügung. Denn nur dieser wirkliche offenherzige Dialog und mehr noch die Beziehungserfahrungen in solcher Kommunikation und sicher auch im staunenden Schweigen werden uns dem Ziel einer friedensfähigen Religions- und Menschheitsfamilie näherbringen.

Wenn meine Worte Lust machen auf eigene spirituelle Erfahrungen und Mut zum eigenen Standpunkt oder besser zum eigenen Weg, dann ist der Sinn dieses Buches erfüllt.

Von Herzen danken möchte ich allen liebevollen und auch herausfordernden Menschen in meinem Leben, die mir durch ihr Dasein einen bergenden und spannenden Raum zum Wachsen schenken.

Lassen wir hier schon ein Gedicht sprechen, das mein Erfahrenes fokussiert, den Horizont weit öffnet und auch das Symbol auf der Titelseite erklärt: das offene menschliche Herz als eine ins Weltall geworfene Frage!

herzoffen

Nicht glauben, die Gottesfrage sei gelöst.
Sie ist offen.
Keiner weiß.
Schließen wir die Gottesfrage,
schließen wir den Himmel.
Keine weiß.
Halten wir die Gottesfrage offen,
halten wir den Himmel offen
für die Sehnsuchtsfrage des Einzelnen.
Jeder Mensch ist eine offene Gottesfrage.
Wer die Antwort endgültig festschreibt,
verschließt des Menschen Herz.
Leben ist ein tastendes Schreiten
von Frage zu Frage.
Und die Antwort von gestern
taugt nur als Humus
für das Keimen der Antwort von morgen.

Die einzige Möglichkeit,
mit einer unfreien Welt umzugehen, ist,
so absolut frei zu werden,
dass die eigene bloße Existenz ein Akt der Rebellion ist.
Albert Camus, Existenzialist, 1913–1960

1.
Aufbruch: Erlösung vom Fundamentalismus

Jesus von Nazareth hatte eine ganz eigene innere Erfahrung einer spirituellen Urkraft von unbedingter und universaler Bedeutung gemacht, die er die Gottesherrschaft nannte, bekannter als „Reich Gottes". In dieser vollmächtig liebenden Kraft wollte er auf absolut revolutionäre Weise die Fülle göttlichen Lebens für alle Menschen zugänglich machen. Aus seiner alle Grenzen sprengenden Bewegung hat sich die heutige Institution Kirche entwickelt, die zunehmend in gesellschaftliche und spirituelle Bedeutungslosigkeit absinkt. Größer könnte der Kontrast kaum sein!

Momentane Streitpunkte in der deutschen katholischen Kirche wie mehr Leitungsbeteiligung von „Laien", die Zulassung wiederverheirateter Geschiedener zur Kommunion oder die volle Anerkennung homosexueller Liebesbeziehungen erscheinen in diesem Spannungsfeld geradezu grotesk irrelevant. Auch innerkirchlich brisantere Themen wie Aufhebung des Pflichtzölibates für Priester oder Zulassung von Frauen zu diesem „Amt" locken gesellschaftlich keinen Hund mehr hinter dem Ofen hervor. Man muss es leider so deutlich sagen: Diese Kirche in ihrer heutigen Gestalt erinnert an ein PC-Betriebssystem, das die letzten 20 Updates verpasst hat – und sich nun wundert, dass es mit immer weniger Usern kompatibel ist!

An diesen gutgemeinten, aber zu oberflächlichen Reformanliegen bleibt doch immer der Geschmack des Ewiggestrigen haften. Aber wie kann das sein? War nicht Jesus seiner Zeit weit voraus und „seine“ Kirche hinkt ihr nur immer hinterher oder geht gar rückwärts? Da läuft doch etwas viel grundlegender falsch!

Ich möchte damit bei Leibe nicht alles engagierte Leben in diesem Gebilde „Kirche Jesu Christi“ auf der ganzen Welt in Abrede stellen. Aber weite Teile der Institution in Leitung und Basis bleiben in Gewohnheit, Pessimismus und binnenkirchlich beschränkter Sichtweise verfangen, die notwendige und befreiende Aufbrüche und Entwicklungen blockieren.

Die überfällige Re-Form kann keine wie auch immer geartete Rück-formung der Kirche auf eine schon einmal bestehende Kirchengestalt sein, sondern muss sich gründen auf Jesu ursprüngliche Erfahrungswirklichkeit. Diese wird aber in demselben Geist universaler Liebe im heutigen Erfahrungsraum ganz anders Gestalt gewinnen: Die Form, zu glauben und sich darin zusammenzufinden, die wir für die Zukunft suchen, gab und gibt es noch nicht!

Insofern geht es für Christen nicht mehr um eine Reform der Kirche, sondern um die Neuerfindung einer Spiritualität und soziologischen Ausprägung der von Jesus von Nazareth angestoßenen Bewegung auf dem neuesten Stand der geistesgeschichtlichen Menschheitsentwicklung in und außerhalb aller religiösen Wege.

Ich meine, dieser Prozess muss und wird uns im Sinne Jesu über die gewohnte christliche Teilreligion hinausführen.

Die eigene Farbe

In der Kirche
wurde mir gesagt,
die Propheten und Heiligen,
die Schriften und Traditionen,
auch die Gottesbilder alle,
„Vater, Sohn und Heiliger Geist“,
sind wie Kirchenfenster.
Sie brechen das Licht Gottes
in wunderbaren Farben.
Das ist schön und gut.
Was aber,
wenn ich das Licht selber sehen will?
Ich werde hinaustreten müssen
aus dem Kirchenraum,
ins Freie.
Dort wird mir Gott selbst begegnen können,
in meiner ganz eigenen wunderbaren Farbe.

Die Einladung

Liebes „Volk Gottes“,
zu jedem Osterfest hörst Du sie,
die Geschichte des Auszuges
Deiner Ahnen aus dem Sklavenhaus
der fremden Macht,
die keine Plage zur Vernunft bringt.
Die Geschichte
vom nothörenden Gott,
der da ist,
wo es eng wird
und den Weg in die Weite liebt.
Allerdings für eine Zeit lang
mit Täglich-Brot-Diät
vom Himmel
statt der gewohnten Fleischtöpfe,
nur genährt von der offenen Hand
in den hungrigen Mund,
kein Fünfjahresplan in der Tasche,
mit hohem Gesprächsbedarf,
weiß Gott nicht konfliktfrei
immer nur mutig
den einen notwendigen Schritt
vor den anderen setzen,
wenn es auch Jahre dauern müsste,
im Vertrauen,
dass die Richtung stimmt
zur Freiheit
im eigenen Land
als Geschenk des Himmels.
Wie ich schon früher sagte:
Hast Du Ohren zu hören?
Dann geh
und handle genauso!

Deep impact

Der Komet der Säkularisierung
schlug ein in den Kirchenplaneten,
zerstörte klerikale Lebensräume
und Lebensgrundlagen anderer Würdenträger
von Gottes Gnaden.
Der ein oder andere Saurier
ist in unseren Breiten noch anzutreffen,
manche neigen dazu,
sich in künstlichen Refugien zu verschanzen
und ihre Botschaft in Buchstaben einzufrieren.
In wärmeren Gefilden
kommen auch noch größere Populationen vor.
Eine Übergangsphase.
Denn überall entstehen neue Lebensformen,
sprießen aus freudiger Schöpferhand,
flexibler, kreativer,
eingefleischt in eine weiterentwickelte Umwelt,
wertschätzend
und liebevoll gestaltend.
Seht her: Es geschieht Neues!
Es wird Abend
und es wird ein neuer Morgen.
Ein guter Tag.

Sein oder nicht

Den Glauben haben
in der Tasche
ein Standpunkt
ohne Wenn und Aber
im Griff
ein für allemal
ins Wort gefasst
ins Bild gepresst
eingemacht
besessen
ablesbar
abgedruckt
aufgedrückt oder

im Glauben sein
durch den Wind
im Kommen und Gehen
fallen und aufstehen
ein Luftkuss in die Wirklichkeit
immer neu
sprachlos
staunen
als täglich Brot
bedürftig
um Worte ringen
in verschwebendem Schweigen
einladen zum Reigen

– das ist hier die Frage!

Wer Ohren hat

Hütet Euch,
Heilige Schriften, Tradition, Dogma und Moral
zum Gesetz zu machen,
mit dem ihr die Weisheit des Lebens erschlagt.
Ihr denkt: „Jetzt haben wir es ein für allemal!",
doch ihr habt nur den Schmetterling auf der Nadel.
Sogenannte Konstanten der Offenbarung
rammt ihr wie Nägel ins Fleisch
herzoffener Menschen.
Ein Gottesmensch allweiter Liebe und Freiheit
ließ sich von Macht und Gesetz ans Kreuz schlagen.
Und ihr hört immer noch auf euer verschlossenes Herz.
In Verantwortung für welche Wahrheit
lasst ihr die verletzten Seelen
am Wegrand liegen
statt zu schauen
und euch berühren zu lassen?
Ist es nicht furchtbar für euch:
Auch wenn Gott selbst kommt,
erkennt ihr ihn oder sie vor lauter Prinzipien nicht
und – schlimmer noch –
richtet ihn und sie wieder zu Tode.

Die Worte sind frei

Nur das federleichte Wort hat Gewicht.
Fängst du es ein,
verlernt es zu fliegen.
Legst Du es an die Kette,
fällt es in den Staub.
Hängst du ihm eine Schlinge um den Hals,
geht ihm die Luft aus.
Hältst du es fest,
geht alle Verspieltheit des Seins zugrunde.
Was bleibt,
sind unwichtige Wörter.

Kirche? Menschenskind!

Sie behaupten,
Dein Leib zu sein,
und Du wärst gestorben nicht für Alle.
Sie kennen Dich schlecht.
Du bist DER Mensch.
Was Du bist,
geht DEN Menschen an.
Was Du tust,
hat Bedeutung für Alle.
Wer kann das Grundwasser vom Regen trennen
oder sagen;
Diese Quelle gehört nicht zum Meer.
Wer zu Dir gehört,
gehört zu den Menschen.
Wer an Dich glaubt,
glaubt an jeden Menschen.
Wer Christ ist,
ist Menschensohn, Menschentochter.
Dein Leib, Jesus Christus,
ist die Menschheit.
Du bist
ihre Seele.

Rückrufaktion

„Wir haben uns geirrt.
‚Es tut uns leid'
trifft es nicht.
Wir sind zerknirscht,
wir könnten im Boden versinken:
Wir haben Euch gesagt,
wir wüssten allein,
wer Gott ist
und wie ihr zu ihm kommt.
Wie furchtbar,
Gott an die Perlenkette zu legen.
Es ist hart, aber wahr:
Jede und jeder muss
sich selbst auf den Weg machen
und ihr und sein großes Herzens-Du suchen.
Wir möchten Euch beistehen
und anbieten,
unser kleines gesammeltes Wissen
mit Euch zu teilen,
auf dass jede und jeder entdecke das Eigene.
Wir könnten für das Wunderbare
gemeinsam
eine neue Sprache finden,
schillernd schön mit tausenden Zungen
wie glitzerndes Licht auf gewelltem Meeresspiegel,
auf dass jede und jeder Heil finde."
Das aus einer Kirche Mund
und der christliche Glaube wäre rund.

Bis dahin wird es genügen,
wenn wir über Gott sprechen,
ohne zu lügen.

Zur Besinnung

Fährt der Zug auf dem falschen Gleis,
hilft kein „Volldampf voraus!“
und noch nicht einmal die Generalüberholung,
sondern nur:
eine Weichenstellung.

Kirchenaufgabe

Wir müssen mehr wagen
als die alte Suppe neu aufzukochen,
mehr geben als ein paar neue Zutaten.
Wir müssen uns essen lassen.
Es wird noch übrig sein.

Update gesucht

Buchdruck	–	Apostelkonzil
Schreibmaschine	–	Reformation
Elektrische Schreibmaschine	–	„Modernismus“
Windows 286	–	Vatikanum II
Windows 386	–	…
Windows 486	–	…
Windows 93	–	…
Windows 95	–	…
Windows 97	–	…
Windows NT	–	…
Windows 2000	–	…
Windows XP	–	…
Windows Vista	–	…
Windows 7	–	…
Windows 8	–	Christenbewegung 2.0
Windows 10	–	…

Fleisch werden

Jedes Wort
wie ein Foto,
angehaltenes Leben,
schnapperschossen.
Auferweckt nur
vom Herzton der Empfindsamen.

Heiliges Brot

Sie steht still.
Oder sie bewegt sich im Schneckentempo
statt mutig suchenden Schrittes voranzugehen:
Wie lange schon?
Der Geist wird ihr genommen.
Nicht durch eine Revolution,
sondern durch eine mächtige Evolution
der geistigen Entwicklung des Menschen,
zu sich selbst zu finden und
– wer es vermag –
darin Gott zu glauben.
Stetig und gewaltig wird die Religion
zwischen den Mühlsteinen dieser Bewegung gemahlen
bis sie Mehl ist für das Brot der Welt.
Sie kann sich dem entziehen,
doch ist sie dann unfruchtbares Korn,
das am Wegrand zertreten wird
oder einfach nur unbeachtet liegenbleibt
und vertrocknet oder verfault.

Schweigen ist Gold

Groß und stark
tief geheimnisvoll
dynamisch lebendig
unendlich liebreich
scheint mir das Göttliche.
Und ihr verpackt es handlich in Tüten,
füllt es ab wie Berliner Luft
in Dosen,
in kleinen,
und schenkt es spärlich
wie aus dem Seifenspender
mit einem Blubb.
Mit euren vielen Gebeten und heiligen Formeln
schüttet ihr Wasser
auf strömende Lava
und spritzt Gift in den Leib Christi,
das alles fließende Leben erstarren lässt.
Herzblutgerinnsel, Glaubenssedimente.
Schweigt endlich!
Viel
und für lange Zeit ...
... bis sich die immer überraschend sprießenden Gräser
göttlicher Eingebung
breitgemacht haben
in den Herzen der Aufgebrochenen.

„Der Mensch soll sich nicht genügen lassen an einem gedachten Gott. Denn wenn der Gedanke vergeht, so vergeht auch der Gott.
Man soll vielmehr einen wesenhaften Gott haben, der weit erhaben ist über die Gedanken des Menschen und aller Kreaturen.
Wer Gott so, das heißt im Sein hat, der nimmt Gott göttlich und dem leuchtet er in allen Dingen.
Denn alle Dinge schmecken ihm nach Gott,
und Gottes Bild wird ihm aus allen Dingen sichtbar.
In ihm glänzt Gott alle Zeit, in ihm vollzieht sich eine loslösende Abkehr und eine Einprägung seines geliebten gegenwärtigen Gottes."

Meister Eckhart von Hochheim,
christlicher Mystikgelehrter, 1260–1327

2.
Weglos durch die Wüste: Ohnmacht und Leere aushalten

Wir sind immer wieder vom Leben oder, genauer, von unseren vitalen inneren Impulsen herausgefordert, allzu gewohnte und gewöhnliche Bahnen zumindest zu überdenken, manchmal auch wirklich zu verlassen. Besonders auf der spirituellen Suche hat die Seele erst dann wieder Raum zum Wachsen. Und Neues und Zukunftsträchtiges kann sich ereignen. Die oft schmerzliche Wüstenerfahrung besteht in der Trauerarbeit der Loslösung von gewohnten religiösen Sicherheiten und dem Gefühl der Heimatlosigkeit vor der persönlichen und gemeinschaftlichen Neufindung.

In der heutigen Situation des Christentums drängt sich diese Erfahrung in konkreten kirchlichen Wandlungsprozessen auf. Tiefgehender und verstörender noch geschieht dies aber in der Frage des Erkennens und Wahrnehmens des göttlichen Geheimnisses im Herzen der Menschen. Um gleichsam etwas in der Hand zu haben, wird dieses Geheimnisvolle in religiösen Systemen immer wieder wie eine Sache, eine Realität (von lateinisch „res" = Ding, Gegenstand), ein feststehendes Gegenüber definiert.

Dies kann es aber letztlich nicht sein. Denn sonst stünde „es" uns Menschen nur als ein Anderes, ein Fremdes entgegen. Wir wären nicht substantiell damit verbunden und von diesem Lebensgrund buchstäblich entfremdet! Ja, „Gott" muss auch ein Teil von uns und wir ein Teil von „Ihm" sein. Und wie man an den Anführungsstrichen schon sehen kann, ist auch dieses Wort „Gott" natürlich noch viel zu monolithisch, wie ein Be-Griff, der vorgibt, etwas zu begreifen, was sich nicht begreifen lässt.

Das ist nicht nur eine theoretische Frage für Philosophen und Theologen, sondern eine Lebensforderung für alle spirituellen Sinnsuchenden. Denn wir sind herausgefordert, im Denken und mehr noch im Beten, im Meditieren und in jeder Form von „Gottesdienst" alle Begriffe, alle Vorstellungen, alle Bilder vom Göttlichen zwar wertzuschätzen und zu verkosten, aber sie auch immer wieder loszulassen und zu überschreiten in das stille unsagbare Geheimnis hinein, das uns zugleich hervorbringt und umhüllt, trägt und erfüllt.

Stille Nacht

Keine SMS
keine Musik
kein Anruf
kein Fernsehen
kein Buch
überhaupt nichts tun
nur dasitzen
da sein
untätig und unnütz
nicht weglaufen
bleiben
standhalten
aushalten
wie der Fels in der Brandung
ein Grashalm im Herbstwind
der Baum im Winter
oder das Tau beim Ziehen.
Der flüchtigen Seele den Schritt verbieten:
Bleib hier,
um Gottes willen!
Der Schatz liegt tiefer
als alles, was Angst macht.
Die Lösung
liegt hinter dem Sturm
und hinter dem Beben
und hinter dem Feuer.

Der Mensch in der Mitte

Alles hinter sich lassen,
weil es erfüllt ist.
Einmal die ganze christliche Tafel abwischen,
die heiligen Schriften,
die verehrte Tradition,
die heilsvermittelnden Kirchen,
das ganze Religionssystem.
Wahnsinn!
Wofür?
Einzig und allein,
um den Menschen von heute zu finden,
ihr und sein Leben zu teilen,
die Schubladen zu lassen,
nicht nur Christ oder Muslim,
nicht nur Buddhist, Jude oder Schamane zu sein,
sondern göttlich einfach:
selbst!

Panta rei en theo

Meine Identität ist im Fluss.
Im Werden besteht mein Wesen.
Das Bleibende ist das Sichwandeln.
Der Stand ist das Geschehenlassen.
Mein Selbst ist Entstehen und Vergehen
wie in jeder Zelle,
wie in jedem Atom,
so in jedem Atemzug,
alles nehmen und alles geben,
in liebevollem Sinn
alles empfangen und alles loslassen
geboren werden und sterben
ist mein Sein,
ist das Sein,
lebendige Dynamik.
Ich habe alles,
was ich nicht halte.
Mein ganzes Dasein fließen lassen
ist Glück.
Alles Festhalten ist Illusion,
verkrampft,
verweigert,
verkrankt,
zerstört.

Grubenglück

Manchmal muss ich an der Oberfläche kratzen.
Und manchmal muss ich noch tiefer graben,
wenn die Energie fehlt,
wenn keine Wärme mehr spürbar ist
und kein Licht.
Dann muss ich einfahren in meinen Herzstollen
und nach der Seelenkohle suchen.
Sie ist da.
Immer.
Sie geht niemals zu Ende.

Hausgeburt

Alles Stückwerk.
Fragmentarische Wirklichkeit.
Zerbrochenes Paradies.
Harmonie wäre schön,
aber das Leben ist nicht schön
wie nett.
Es ist fließend
strömend rauschend rieselnd versiegend
unkontrollierbar umwerfend
hinreißend mitreißend zerreißend entreißend.
Wieviel Schmerz hält ein Mensch aus?
Sind wir nur zum Aushalten geboren?
Spricht doch einer:
„Zum Neugeborenwerden seid ihr geboren!"
Fehlt nur mein Ja.
Hineinatmen
in Lebenswehenschmerz,
liebesgewirkt
in der Tiefe,
Wandlung zu gebären:
Geliebtes Tohuwabohu.
Willkommen im Scherbenhaufen.
Zuhause im Stückwerk.

Über sieben Milliarden Götter

Ist es der Gott Abrahams, Isaaks und Jakobs,
weil es der Gott war von Jesus, meinem Christus?
Und der Gott Gandhis, Tagores oder Rumis?
Wie könnte er nicht mein Gott sein?
Und der Gott des Inquisitors, Pius X. oder Escrivas?
Wie könnte er mein Gott sein?
Und der Gott der Frau,
die in der Ohnmacht ihrer Depression um ihr Leben ringt,
oder der Gott des Mannes,
der in der Mitte seines Lebens
keinen Sinn und Weg mehr sieht,
und doch an der Sehnsucht nach Zukunft festhält.
Wie sollte der nicht mein Gott sein?
Hat denn jeder seinen Gott?
So gibt es Milliarden Götter.
Niemand kann mir mehr sagen, wer mein Gott ist.
Ich muss Ihn suchen aus unzähligen Bildern,
schauen, hören, spüren, staunen, was mich leben lässt.
Sehnsuchtswünschelrutengängergleich
werde ich Ihn finden –
und Sie mich.
Mein Gott!

Standhalten

Ich preise die Sanftheit und Stärke der Gräser.
Tag um Tag und Stunde um Stunde stehen sie
bis über meterhoch stolz und erhobenen Hauptes
am Straßenrand,
gepeitscht und gebeugt
von der Gewalt der rasenden Blechlawine.
Wie ich ihre Anmut bewundere,
die sie der Gewalt des Alltags abtrotzen –
oder noch nicht einmal das:
die sie sich schlicht und einfach bewahren.
Ein wenig nur davon
und mein Leben würde leuchten
in warmem Licht.

Nur glauben

Manche, die glauben,
tun so,
als wüssten sie,
woher wir kommen, was mit uns ist, wohin wir gehen.
Aber nein,
nichts wissen sie,
nichts wissen wir alle,
gar nichts.
Nur ein Hauch von Ahnung ist da,
eine Herzensspur von Sehnsucht,
nach offenen Armen und bergenden Händen,
nach dem einen Blick, der alles genug sein lässt,
vielleicht ein Flügelschlag von Erfahrung.
Die einen wollen es nicht wahrhaben,
andere können es beim besten Willen nicht glauben,
manche haben das Glück,
es wahrzunehmen.
Unwissende sind sie alle,
geliebte.

Gespräch am Adventssonntagmorgen

Ich will in die Messe.
Warum?
Mal wieder die schönen Adventslieder singen,
nette Leute treffen, die ganze Adventsstimmung eben ...
Was suchst Du?
Erinnerung. Das war früher immer so schön ...
Was?
Die berührenden Adventslesungen
voller Licht und Hoffnung,
Glanz und Sehnsucht.
Es muss doch Barmherzigkeit geben
und Gerechtigkeit und Frieden!
Das findest Du in der Messe?
Ja, immer mal wieder, ein Stück weit ...
Das klingt nicht sehr begeistert.
Aber besser als nichts ...
„Besser als nichts" ist sehr bescheiden.
Das Licht und der Glanz können Dich überströmen
mehr als Alles!
Wo soll das geschehen?
Zuerst in Dir Selbst, in Deinem Herzen –
oder nirgends.
Wie?
Halte Dein Herz in diesen Glanz
so arm wie es gerade ist
und ersehne, Dich der Offenheit zu öffnen
als gäbe es nichts anderes.
Und alles weitere wird Dir dazugegeben.

Reale Präsenz

Allein im Haus.
Vor mir auf dem Tisch
eine Scheibe Brot,
„Dinkelkruste“ vom Bioladen.
Schon etwas trocken geworden,
die Kinder haben lieber Brötchen.
Dann will ich es noch selber essen,
eh es hart wird
für die Schafe im Nachbarort
oder gar schimmelt.
Als ich es in die Hand nehme,
muss ich denken
an Ihn,
der dies gerne tat
und austeilte mit vollen Händen
bis zuletzt
sich selbst.
Als ich es esse,
ist Er da
und das Brot
schmeckt nach Ihm.
Ich bin gesättigt
bis in den letzten Winkel
meiner hungrigen Existenz.
Sein Gedächtnis
muss es verwandelt haben
in Brot des Lebens.
Und mein Blut ist seins.

Vorübergehend

Immer wieder einmal
klopft der Tod an meine Lebenstür.
Mal mit brutalem Tritt,
mal leis' und achtsam,
erinnert er mich,
dass ich nackt bin
und wandere
von Dasein zu Dasein.

Karalltag

Das Leiden Jesu Christi
die Agonie meines innersten Seelenselbst.
Seine Passion
meine Leidenschaft.
Eine Kraft,
die Stand hält
im Bodenlosen,
Licht hält
im Dunkelsten,
Macht behält
in allem Auflösen.
Ein Erbarmen,
das die tödliche Härte
in unendliche Weichheit und Weite hüllt,
dass sie keinen Anstoß mehr findet
und der Schmerz mitten im Schmerz
aushaltbar ist
für immer.

Unterm Strich leide nicht ich

Menschen verhungern vor meinen Augen.
Kein Unterschied, ob tausende Kilometer weit weg.
Es rumort in meinen Eingeweiden,
vergällt meine Seele.
Wie weiterleben
in meinem obszönen Reichtum?
Was? Nicht reich?
Wenn 85 Prozent der Menschheit
finanziell ärmer leben als ich,
dann bin ich reich. Punkt.
Es geht so nicht weiter.
Ich muss lernen,
einfacher zu leben
mitten in der Wachstumsmaschinerie,
weniger zu besitzen
mitten in der Konsumideologie.
Eine Entziehungskur vom vermeintlichen Wohlstand.
Ein Übungsweg zum glücklicheren Leben.
Nicht ohne Trennungsschmerz.
Bis dahin wird das Brot
in meinem Mülleimer
den Hungrigen fehlen.
Kein Happy End.
Noch nicht.
Nur die göttliche Verheißung
einer Menschheitsfamilie
in meinem Herzblut.

Geläutert

„Du kannst Gott nur in den Dingen,
nicht ohne Welt erfahren!"
Nein nein,
ich hab' Ihn so erfahren,
ganz tief unten,
fern jeder Welt,
nur im Alleslassen
die eine Quelle gefunden.
Oder nimmst du das Goldstück,
wenn du die Ader siehst?
Wir müssen wohl durch den inneren Tod gehen,
wo alles stirbt,
wenn Gott in uns groß und stark werden soll
und unser Auge offen
für das Geheimnis aller Welt.

Stillehalt

Sich in die Stille halten
sanft und bestimmt
wie in einen lichten Morgennebel
und die Hand ergreifen,
die es nicht gibt,
die nur du alleine spürst
und die sich unsichtbar
dir von dort entgegensehnt.

Das Wort des Lebens

Im heiligen Raum
herrscht erhabene Stille,
als ich allein dort sitze
und den unruhigen Strom meiner Gedanken
ausfließen lasse
ins Meer dieses großen Schweigens.
Und ich höre im Herzen
das Wort.
Später beginnt der Gottesdienst.
Die Flut der frommen Wörter
bricht über mich herein.
Kurz vor dem Ertrinken
rette ich mich ins Freie,
schüttle mich
und suche mein Wort wieder
im Schweigen der goldenen Herbstsonne.

Am seidenen Faden

„Verfluchte Selbstzweifel!
Meine Sucht nach Frieden und Harmonie
stößt mich wund
an allen Ecken und Kanten.
Zum Verzweifeln,
meine gottverdammte Schwäche,
mir mein Recht zu nehmen.
Jeder Widerspruch
lässt mich einknicken
wie einen vertrockneten Halm im Wind.
Wo bist du, meine Kraft?
Wo bleibst du nur?
Versteck dich nicht länger,
zeig dich
endlich,
lass mich Dich erfahren, spüren, einnehmen,
wachsen und feststehen in dir!“
Ein Selbstgespräch?
Oder ein Gebet?
Genau!
Ein Gebetsgespräch mit dem göttlichen Selbst.
Es wird erscheinen
wie die Sonne durch die Wolken bricht.
Wenn nur der Gesprächsfaden nicht reißt.

Burn out

Du brennst mich aus,
nimmst mir alles
bis es wie Asche
zwischen meinen Fingern zerrinnt
und im Winde verweht
bis ich nackt dastehe,
wieder bei null zu beginnen
wie jetzt erst geboren,
alles neu zu gewinnen.

Raum fordern

Ein Tumor, ja,
ein Krebsgeschwür,
medizinisch „Raumforderung“,
frisst sich ins Fleisch,
bläht sich auf,
schwarz und widerlich,
macht sich breit,
beengt den Platz zum Leben
beängstigend,
verdrängt brutal gesundes Gewebe
ohne Rücksicht auf Verluste.
Wer fordert den Raum zurück?
Den Raum von Freiheit, Schönheit und Heil:
mit Nachdruck, mit aller Macht,
doch in Liebe,
mit Rücksicht auf Verluste.
Vielleicht geht die Schlacht verloren.
Der Gewinn aber
ist ein Raum,
den kein Tumor je einnimmt.

Tränen Gottes

Jesus weinte,
als er die Menschen sah
ihre Trauer, ihren Schmerz,
ihr Ausgeliefertsein dem Todesdunkel,
dem Überfall des Abgrundes,
der Gewalt der Tiefen.
Er sieht Licht und Grund,
sie nicht.
Ohnmacht Gottes,
unendlicher Schmerz Jesu,
das Öffnen der Augen zu ersehnen,
doch zu stehen vor einem Berg aus Angst
in den Herzen.
Öffne mir Deine Augen,
im Leben und im Sterben
Dein zu sein,
zu wohnen in dem großen Haus
hinter um über unter mit durch in
allem Sterblichen.
Mir fiele der Stein vom Herzen,
Tonnenlast von der Schulter.
Ich wäre die Sorgen los.
Und wir tränenfrei.

Die Wolke des Nichtwissens

Die Kathedrale findet sich im Wald wieder
oder in Rodins sich schmiegenden Menschenhänden.
SEIN Antlitz schaut mich an
aus dem Selbstbildnis Dürers.
Ich denke, also bin ich.
Die kopernikanische Wende.
Es dreht sich nicht alles um uns,
aber in uns dreht sich alles.
Ich glaube, also ist Gott.
Mag sein, dass Er auch ohne mich ist,
aber wer weiß?
Keiner weiß.
„Gott“ reine Spekulation.
Offenbarung als Hypothese.
Mystik ein Ausflug unter der Käseglocke,
ein wunderbarer.
Gottes Wort eine mutige Vermutung
des Menschenherzens,
weltbewegend.
Gott in der Welt.
Projektion inklusive.
Darüber hinaus das große Schweigen,
für alle gleich,
Schwestern und Brüder.
Wir atmen alle dieselbe Luft,
doch niemand die des anderen.

Das Wort „Gott“

Gott!
Mein Gott!
Mein Herr und mein Gott!
Mein Gott, Walter ...
In Gottes Namen.
Gottverdammt nochmal!
Ein großes Wort
ein übergroßes
eine monströse Hülle
wie eine Flugzeughalle groß,
aber oft schon voll
mit dem Schrott der Jahrhunderte
und den Kostbarkeiten der Jahrtausende,
voll egomanischer Projektion
und liebevoller Weisheit.
Dem Atheisten vielleicht ein gewaltiger Müllhaufen.
Der glaubenden Seele kleiner,
ein goldener Kelch voll Herzblut.

Für den neutralen Betrachter
Geschmacksache,
aber Weltkulturerbe.
Man kann es vermeiden, verstoßen, totschweigen,
doch nicht vergessen,
nicht ersetzen.
Ein Platzhalter.
Es erhält den Platz,
spannt den Raum ins Überindividuelle,
stellt den Einzelnen vor das Ganze,
erlöst vom Egoismus
wie kein anderes Wort.
Ein Gemeinschaftswort.
Ein Universalwort.
Ein Menschheitswort.
Um Gottes willen je neu mit Liebe zu füllen.

Abschied vom Meer

Zarte Wellen
spülen Rauschen an meine Füße.
Im Zurückweichen das Klickern und Klackern
der Kiesel am Strand von Nizza.
1. Advent, frühlingswarm, das Leben leicht.
Gleißende Sonne
wunderkerzenglitzernd auf dem Wasser.
Ein Sehnsuchtsort
zum Bleiben.
Einfach dableiben und die Zeit anhalten.
Aber Abschied.
Nur ein paar Tage Urlaub.
Das Herz fügt sich wund
am Unvermeidbaren,
hat gelernt zu lassen,
sich zu überlassen
dem größeren Glück,
das aus einer Tiefe kommt,
tiefer als Meeresgrund
und aus einer Höhe,
heller als Sonnenschein,
jubelglitzernd in meiner Seele.

Frühling

Meine Füße kleben
am Pech meiner Lebensstraße,
Angstblei in meinen Schuhen,
gehe ich voran.
Ermutigt von grünzart aufwachsendem Gras,
wehrlos stark wieder neu
mitten hineinwehend
in abgasverpestete Verkehrsinselluft,
folge ich ergeben meinem eigenen Wachstumsdrang,
Selbst zu bleiben
und zu werden,
wenn auch unter Schmerzen,
das eine Wort auszusprechen,
das ohne mich ungesagt bliebe.

midlife crisis

Ich bin auf dem Weg.
Die Veränderungen sind groß
und schwer.
Fast geht es zu schnell.
Ich häute mich wund.
Werde nicht mehr derselbe.
Aber gut.
Ich wachse im Leben.
Und das Neue
erwartet mich
mit offenen Armen.

Omega

Und fort
und fort gehe ich
Schritt um Schritt weiter
und immer weiter
in die Ferne
jenseits von Eden
bis an den Punkt ohne Umkehr,
wo die Einsamkeit gähnt
und eine Hölle so nah ist.
Und dort
und dort lebt
wie ein Drache
furchtbar verzehrend
die große Freiheit
schaut mir in die Augen -
und sagt zärtlich
mit einem Blick, der alle Sterne schmelzen lässt:
„Endlich
bist Du da!“

In meiner Seele gibt es
einen Tempel,
einen Schrein,
eine Moschee,
eine Kirche,
die schmelzen,
schmelzen in Gott.
Liebe ist vollkommene Stille,
größtes Entzücken und tiefste Handlung
und das Wort – fast so vollendet wie Sein Name.
Rabi'a al Adawiya, islamische Mystikerin, 714–801

3.
Auf der Schwelle zur Zukunft: Der Sehnsucht vertrauen

Sind wir auf der Suche nach dem Urgrund, dem Leben, dem Sinn, der Kraftquelle, der Liebe in allen Dingen und Menschen oder wie immer wir dieses „Mehr" unserer Herzenssehnsucht nennen, werden wir kein festes Ding finden, kein „Etwas", nichts Habhaftes, nichts Namhaftes. Es wird beweglicher sein, fließend, dynamisch wirkend, eben lebendig. Aber natürlich überhaupt kein „Es" und ebenso irgendwie mehr noch als „Er" oder „Sie", sondern noch ganz anders oder, besser gesagt, überhaupt nicht in Worte zu fassen. Der Quantenphysiker Hans-Peter Dürr nennt die letzte Mikrobasiswirklichkeit, auf die seine Wissenschaft gestoßen ist, „Wirks" oder „Passierchen", weil sie mehr geschieht als nur ist. So etwa wäre mit großer Achtung und mit tastender Umschreibung von den göttlichen Geheimnissen des Universums zu sprechen. Geringeres könnte unser unendliches Herz genauso wenig erfüllen wie jedes andere Sein in der Welt.

Warum hat wohl Jesus von Nazareth keine Dogmen diktiert, sondern in immer neuen und anderen Gleichnissen gesprochen? Und warum so wenig unmittelbar von

Gott als vielmehr von seiner „Königsherrschaft", uns bekannter als „Reich Gottes", das nahe kommt, sich Bahn bricht, wächst oder alles durchwirkt? Abgesehen von der zeitbedingt patriarchalen Ausdrucksweise wohl doch deswegen, weil es nicht um ein beschreibbares Etwas geht, sondern eher um eine Art dynamische Wirklichkeit, ein kreatives Geschehen, ein Heilsfeld. Übrigens durchaus mit Ähnlichkeiten zu der „Macht", die in den „Star Wars"-Filmen immer die guten Helden unterstützt – nur ohne Gewalt!

Von Jesus her und aus meiner eigenen Erfahrung bleibt zu sagen, dass diese Wirklichkeit sich nicht neutral und gleichsam gefühlskalt verhält, sondern auf der Spur unserer Herzenssehnsucht eine Art personale Liebesqualität hat. Diese lässt sich eben sehr gut in menschlichen Bildern wie „Vater", „Mutter", „Freund", „Begleiterin" o. ä. ausdrücken, erschöpft sich aber niemals darin.

Somit beherrscht die erfahrene Realität hinter diesen Bildern, eine personale Liebeswirklichkeit oder universale Liebesmacht im Kosmos nach Jesu Botschaft und christlicher Überzeugung unser Universum. „Reich Gottes" also zeitgemäß formuliert: ein dynamisches Liebeswirkfeld, das in allem Sein im Kosmos geheimnisvoll mächtig-ohnmächtig auf erfüllende Beziehungen und universales Heil hinzielt.

Ein Liebeswirkfeld, das in allem eine konstruktive Ausrichtung geschehen lassen will und zugleich alle freien, also kreativen und destruktiven Impulse mit einschließt.

Jesu Person und Leben bleibt für Christen sicher der konkrete Maßstab für all diese Reich-Gottes-Interpretation. Er selbst hat sich aber nie an dessen Stelle gesetzt. Dies geschah erst 70 Jahre später in der christlich-apologetischen „Dogmatisierung" Jesu im Johannesevangelium. Für Christusgläubige damals wunderbar, aber für den heutigen globalen Dialog verheerend!

Diese exklusive Identifikation Jesu mit dem Reich Gottes gilt es also wieder zu weiten und den Blick zu öffnen auf die evolutionär zu allen Zeiten immer neu aufbrechende und sich verwirklichende Liebesmacht.

Ich meine, damit erlangen wir eine spirituelle Sichtweise, die für die glaubenssuchenden Menschen in und außerhalb der Religionen konsensfähig erscheint und zugleich das Wesentliche des Anliegens Jesu beinhaltet:

Ein Ausblick in eine neue, verheißungsvolle Zukunft.

Auf dem konkreten Suchweg nach der vollen Ausbreitung dieses Liebeswirkfeldes im eigenen Innern und im ganzen Kosmos können und müssen sich die Christinnen und Christen mit allen Menschen guten Willens vereinen!

Diesem Anspruch einer Relativierung, einer radikalen Inbeziehungsetzung ihrer eigenen Einsichten untereinander und mit der heutigen globalen Lebenswirklichkeit müssen sich auch alle anderen Religionen dieser Erde stellen, wenn sie eine konstruktive Lebensrelevanz für Menschen von heute und morgen haben wollen.

Denn:

Prinzipiell kann niemand mehr behaupten, die Wahrheit zu besitzen.

Religion muss sich daran messen lassen, wie sie den Durst der Menschen nach Liebe stillt und so deren Liebesfähigkeit freisetzt.

Glaube an Gott und Glaube an den Menschen sind untrennbar verbunden.

Die Zukunft der Religionen besteht also in der gemeinsamen Suche nach einer gesamtlebensfördernden Liebe auf unserem Planeten auf verschiedenen Wegen, aber mit sich ergänzenden Erkenntnissen. Wenn diese gemeinsame Suchbewegung nicht gelingt, werden die Religionen zu frommen Sekten in der modernen Welt.

Selbsterkenntnis

Mach's wie Jesus,
Mose, Konfuzius, Buddha, Mohammed
und wie sie alle heißen:
Suche Deinen Gott, Deine Göttin!
Die gibt's nur einmal.
Höre nur niemals auf damit.
Finde Deinen Standpunkt
und lass ihn immer wieder los zum Gehen.
Du bist keine Christin, kein Jude, kein Konfuzianer,
keine Buddhistin, kein Muslim, keine Schamanin:
Wem läufst Du nach? Wo läufst Du hin?
Du bist Du wie kein anderer und keine andere.
Es gibt Erfahrene, Wegkundige, gute BegleiterInnen,
wesentliche Hilfen und Weisungen, ja.
Doch nur, damit Du Deinen eigenen Weg
nicht auf Dauer verfehlst
zu Deinem ureigenen Gott,
Deiner ganz persönlichen Göttin.
Dort werden wir uns alle finden,
immer wieder.

Gehhilfen

Auf dem Weg zum göttlichen Geheimnis
sind wir wie Gelähmte.
Mit den Krücken unserer Vorstellungen
schleppen wir uns voran,
um dann, wenn das Ziel uns findet,
alles fallen zu lassen
und auf eigenen Füßen zu stehen.

sucht!

Sehnsucht
faszinierend anziehend
unbedingt
dringend drängend
notwendig
Meine Sehnsucht
Mein Ich sucht
mich dich uns.
Liebe.
Was sonst?
Liebe
heißt „Ichduwir“.
Meine Sehnsucht hat einen Namen.
Herzperson ohne Rand
nicht sichtbar
im Stockdunkel erkennbar
In meinen Augen jesuschristusartig.
Sehnsuchtskonturen
schöner als jedes Gesicht
ein Antlitz
schaue ich an
lange
in zeitlose Ruhe
ströme hin
strömt her
mal auf ein Wort
mal leer.
Liebe in Fülle
heiliggeistlich.
Mein Ersehntes
wird Sein
und Seines mein.

Selbstwerden

Erlöst vom Ideal
gehe ich leichter meinen Weg,
bin von der Rolle
des Perfekten,
erlaube mir,
ich selbst zu sein,
ungereimt,
gebrochen, ja,
aber aufgebrochen,
kehre ich dem alten Kirchengott,
dem Pharaotyrannen in meinem Herzen
den Rücken,
aus dem Sklavenhaus des Leistungsdruckes,
der Fron der Selbstentwertung,
durch die Angstwüste der unbekannten Freiheit
ins Gelobte Land meiner Selbstentfaltung,
zu baden in Milch und Honig
meiner Selbstliebe.

Warum ich mehr bin als ein Christ

Um mich herum dieses Geheimnisvolle,
das bildlos ist, weil es alle Bilder zugleich enthält
und so unser Begreifen sprengt,
von dem wir Menschen nichts sagen können
als dass es das Grundlegende, Mächtigste ist,
aus dem Alles immer neu hervorgeht und sich entwickelt.
Dies existiert als unsichtbare Hülle um mich und alles
und natürlich auch in jeder meiner Zellen
und in allen Atomen, überall, über All.
Nur gibt es da ein Tor, das es nicht aus sich öffnen kann:
Das Herz des Menschen.
Es zu öffnen ist unsere größte Sehnsucht und zugleich
unsere größte Angst, da wir in eine andere, größere
Existenz aufgehen, wenn wir dieses Alles einlassen
oder besser: im Überall sein lassen.
Doch es ist – wenn wir es wollen,
denn es kann auch anders! – gütig und liebevoll
und hilft und ermutigt uns in unserem Inneren
und durch die kleinen und größeren verlockenden
Erfahrungen, die wir „Mystik im Alltag" nennen,
diesem Ruf zu folgen und uns ganz hinzugeben.

Erst in unserem Bewusstsein bekommt dieses
Unnennbare je nach unseren Prägungen und Erfahrungen
Gestalt, Bild und Namen, jedem Menschen eigene.
Deshalb bildet es sich in der einen als Liebe,
in dem anderen als Hass ...
Religionen sind Gruppenbildungen von Menschen
mit ähnlichen Erfahrungswelten, die aber alle dieses Eine
Ursprüngliche prinzipiell nicht abbilden können.
Selbst wenn Jesus von Nazareth paradoxerweise
diese Abbildung wäre, könnte dies keine Religion
der Welt fassen.
Mag der Geist auch seine Züge tragen, er weht doch
überall unfassbar.

Als wäre ich ein Jemand

Ich bin kein Ich,
kein Du.
Ich bin keine Buchstaben,
kein Gedanke.
Ich bin kein Ding,
kein Gegenüber.
Doch –
um Himmels willen! –
schaut mich an,
mit Augen und Seelenblick,
Sinnliche ihr!
Nennt mich beim Namen,
mit Lippen und Schweigen,
Wortwesen!
Liebt mich
mit Leidenschaft und Engelsblut,
Herzbelebte!
Berührt mich,
umarmt mich
in allen Wesen und Dingen,
Fleischlinge ihr!
Es wird euch sein,
als schaute ich euch an,
als spräche ich euch an,
als liebte ich euch zu,
als umhüllte ich euch ganz.
Wie sonst
könntet ihr
zu mir gelangen,
den Weg finden im Weglosen,
Menschenkinder, die ihr seid.

Nur ein Gefühl

„Alles ist gut."
Seelenwundenbalsamträufelnde Stimme
lässt mich da sein,
ich sein,
zu Frieden sein.
Für einen Moment wenigstens
ist die Welt in Ordnung,
fällt ein Sonnenstrahl
ins furchtdunkelgewohnte Herz.
Keine Panik,
liebe Pessimisten, liebe Zyniker,
nur ein Gefühl,
völlig ohne Belang.
Doch ich sage:
Danke!

Kreation

Sich nicht die guten Bilder der Seele verderben lassen.
Sich dem einen Hirten anvertrauen,
der Nahrung verschafft,
Schutz und Gemeinschaft,
auch wenn so viele Hirten
Vertrauen missbrauchen.
Sich die guten Bilder nicht verderben lassen.
„Vater“ sagen,
auch wenn und gerade weil so viele Väter versagen.
Die starke Schulter suchen,
Anerkennung,
Heimat und Herausforderung.
Sich die guten Bilder nicht verderben lassen.
Die Stimme der nährenden Mutter suchen,
die in der Nacht flüstert: „Alles ist gut, mein Kind.“
und die Wunden küsst und verbindet,
auch wenn die Mütter nicht genug lieben
und die Geschlechterrollen im Fluss sind.

Sich die guten Bilder nicht verderben lassen.
„Mein Herr und mein Gott“ rufen,
wenn der Tod würgt, Angst alles mit sich reißt
und jede Lebenskraft unerreichbar scheint,
auch wenn die anderen Herren Gehorsam verlangen.
Sich die guten Bilder nicht verderben lassen.
Ein „Du“ sehen,
Auge in Auge mit dem Guten,
ein Ansprechpartner,
eine beste Beraterfreundin,
auch wenn es nicht bloß ein Gegenüber sein kann
und doch vielleicht alles nur in meinem Gehirn stattfindet.
Einfach, weil meine Sehnsucht danach verlangt:
Mir all die guten Bilder nicht verderben lassen,
und neue, aus meiner Seele heilsam aufsteigend,
freudig begrüßen.
Zu malen mein eigenes Kunstwerk des Lebens.

Der Inkarnationsprozess

Alles wächst ins Innere des Menschen,
findet Raum und Heimat in seiner Seelenwohnung.
Es ist, wie wenn Jesus Christus erwachte in den Seelen,
Ewigkeit lässt sich dort nieder.
Seine Zeichenhandlungen kehren im Innern wieder,
geschehen heute hier neu,
heilend, herausfordernd, befreiend.
Die Klöster erstehen auf als innere Gebäude,
die mitten im chaotischen Weltgetriebe
einen Hort gelassener Präsenz bilden.
Der weltabgewandte Geistliche findet sich wieder
im eigenen Innern als Bedürftigkeit,
Keuschheit des Herzens in jeder Beziehung
und Hörsamkeit der Seele mitten im Alltag.
Was Kirche war als Vermittlungsinstanz
erwächst wieder in der Mitte des Menschen,
zu sehen und zu erspüren den eigenen Heilsweg
im Dialog mit den anderen Suchbewegten.
Was äußerlich sichtbar und wirklich war,
wird zum Symbol und Vorbild,
im Inneren zu erleben.
Der einzelne Mensch wird zum Kosmos,
in dem alles geschehen kann
und das Universum ans Ziel kommt.

Unerhört?

Wohin verschwebt der Klang meiner Stimme,
wenn ich „Du“ zu Dir sage, Gott?
Trägt ihn der Wind fort
in kalte Ferne seelenloser Sternennebel?
Fließt mein Wort nur ein
in den flehenden Strom
unstillbarer Menschensehnsucht?
Oder trifft es doch wirklich Dich,
des Unerhörten Gehör,
ins Herz
und löst die Härte des meinen?

Ruach

Keine 2000 Jahre her
da quelltest Du hervor
aus seinem Grundwasser
durchströmtest ihn ganz
brachst seine Dämme
sprengtest seine Filter
kamst auf die Welt
lebtest durch ihn.
Heute quillst Du hervor
aus meinem Grundwasser
wirst mich ganz durchströmen
meine Dämme brechen
meine Filter sprengen
auf die Welt kommen
durch mich leben.
Mitten in Deinem Menschenvolk
quillst Du immer neu hervor
willst alle ganz durchströmen
fromme Dämme brechen
Dogmenfilter sprengen
in die Welt kommen
Dich verwirklichen.

Paradoxon

Gott ist mir ein Gegenüber
wie das Blut und die Zellen meinem Körper,
die Wurzel ihrer Erde,
eine Geige ihrem Orchester
oder die Note ihrer Arie.
Ich spinne aus dem Göttlichen
einen Faden für mich
und webe in dieser kalten Welt
meine Kleidung daraus.
So wärmt mich Gott
und ist doch keine Wolle.

Land in Sicht

Sich von der Flut des Alltags
nicht mitreißen lassen.
Den Zweig der Stille ergreifen
und Halt finden
am Fels des Schweigens,
auch wenn das Wasser noch bis zum Hals steht.
Aushalten
und schauen,
lange,
den Menschen und Dingen auf den Grund.
Wahrnehmen,
annehmen,
aufnehmen
bis ihr Geheimnis aufbricht,
bewohnt zu sein
und Wohnung zu schenken.

Weniger ist mehr

Mehr Qualität
weniger Quantität.
Mehr Suche
weniger Sucht.
Mehr Erfüllung
weniger Füllung.
Mehr Aufmerksamkeit
weniger Zeitvertreib.
Mehr Leidenschaft
weniger Konsumieren.
Mehr Neues erleben
weniger Neues kaufen.
Mehr Wohlfahrt für alle
weniger Wachstum für manche.
Mehr Meditation
weniger Hamsterrad.
Mehr weniger
weniger mehr.
Die Seele
und die Erde
sagen:
Danke!

Das Christentum am Ende?

Ja, unbedingt!
Wenn ein Mensch gelernt hat,
alle Liebe und Kraft zusammenzunehmen,
um seiner eigenen Wirklichkeit ins Auge zu schauen,
in aller Bedürftigkeit sich ohnmächtig mächtig zu öffnen
der liebenden Kraft in der Höhe
und der barmherzigen Macht in der Tiefe,
dann kommt Gott im Menschen an
und das Christentum ist am Ende!
Dann ist die Zeit gekommen,
dass der Sauerteig sich unwiderruflich einmischt
in den Laib der Menschen guten Willens.
Er geht dabei drauf,
aber auf
in die Gemeinschaft der Geliebten.
Immer wieder, wenn das Brot gebacken ist,
hat der Sauerteig seinen Sinn erfüllt.
Und Religion ist nicht mehr.

Vertrauen

Nichts mehr festhalten müssen,
sondern sich fallen lassen
in das Meer
von Liebe
und Leiden
im eigenen Herzen,
macht frei zum Handeln
im Meer der Welt.
Es ist eine Aufgabe,
die wir nie ganz erfüllen werden,
und doch die einzige,
für die es sich lohnt zu leben.

Ein Kinderspiel

Wenn Du Gott mit reinem Herzen suchst,
wirst Du Dich finden.
Und Dein liebevolles Selbstgespräch
ist Gebet.

Ausgemacht

Hejo, spann den Wagen aus!
Gib die Zügel jetzt gleich aus der Hand.
Lass die goldnen Garben
einfach mal den and’ren.

[nach der bekannten Melodie singbar]

Leiden kreuzweise

Mein Fall
ist nicht bodenlos.
Nicht tiefer kann ich fallen
als auf Dein Kreuz.
Wo Du warst,
gibt es kein Darunter.
Dort liege ich
auf dem letzten Grund meiner Existenz.
Fest und sicher,
unsinkbar,
getragen.
Nicht mehr zu untergraben.
Nie mehr.
Du stärkst mir das Kreuz,
die Welt aus den Angeln des Leidens zu heben.

ausgesiebt

Wenn der Goldwäscher erkennt,
dass alles Wasser,
aller Schlamm,
alle Steine
zugleich Gold sind,
legt er das Sieb beiseite
und staunt.

Hilfe!

Streckt nicht jeder der ärztlichen Hilfe
hoffnungsvoll ohnmächtig seine Wunde hin?
Die eine große göttliche Hilfe
ist nur in unserer Phantasie gestorben,
in vermeintlicher intellektueller Redlichkeit
oder im mangelnden Mut,
mein Eigenstes einer unkontrollierbaren Macht
anzuvertrauen.
Ehe sie an Einsamkeit zugrunde geht,
muss gesagt sein:
Diese Macht ist noch da.
Ihr Name ist schwerfindiger, ja,
und nicht mehr als Allheilmittel und
Existenzsicherungsjocker zu missbrauchen,
nicht alle Fragen und Probleme lösend,
doch anwesend, kontaktbar, geheimnisvoll ichidentisch
und dugestaltig,
liebevoll erlösend,
die einzige Wunde heilend.

Der Unterschied

Religionen:
Konserven für Frischkostfeinde
Sauerstoffflaschen für Luftverschmutzer
Heimat für Seßhafte
Organisiertes Gottespetting
Aladins Wunderlampe
Gottesbilderrahmen
Museum für nichtangewandte Kunst
Notwendig vielleicht,
bisweilen anmutig
und bergend.
Das Göttliche:
LiebesLebenswirbel bis ins Mark
für Herzoffene.

Psychologische Preisung

Du bist mir
kein Ferner,
kein Fremder,
überhaupt kein Anderer,
keine Liebe unter Lieben.
Du bist mein schönstes Ich,
mein Selbst,
mein inneres Kind,
mein Schatten,
heller als tausend Sonnen,
mein bestes Überich,
mein leidenschaftliches Es,
mein einziges Ich,
Grund meines Unbewussten,
meine innere Bühne
und mein rauschender Applaus,
wunderbarer Archetyp,
Voll-Gestalt,
Vorbild,
Sinnbild,
Inbild,
Bild von einem Menschen,
Menschenbild,
Menschentyp,
Menschensohn,
Ichgesalbter,
Duretter,
Wirerlöser.
Jesus warst Du,
brichst auf in tausend Namen,
Stimmen, Bildern, Träumen ...

Das Nadelöhr

Ich habe nichts.
Nichts auf der hohen Kante,
nichts in der Hand,
nichts im Griff,
nichts zu bieten,
nichts zu leisten,
nichts zu geben,
nichts mehr zu verlieren,
wenn ich Dich geschehen lasse,
göttliches Alles,
bin ich alles.

Identität

Durch die Jahrtausende
atme ich mit Deinem Atem
bete mit Deiner Seele
und empfange Alles
ganz neu.

Ohne Koffein

Du verleihst meinem Gebet Flügel,
bist die Macht
in meinem Flehen,
das Wort
in meinem Schweigen,
der Wille
in meinem Sehnen,
die Liebe
in meinem Begehren,
das Leben
in meinem Sterben.

Aus Liebe gebildet

Kein Vater-Gott allein,
so auch nicht der Sohn-Gott genug.
So etwas wie ein Heiliger Liebes-Geist,
väterlich-mütterlich, elterlich
schwesterlich-brüderlich, blutsverwandt
eben menschlich-göttlich,
liebend wie nichts anderes ...
Daraus allzeit das Universum entspringt
und es im Innersten geheimnisvoll erwirkt
und so auch alle Menschen.
Jesus von Nazareth gänzlich erfüllt davon,
so dass Ich Ihm begegne,
je mehr mir diese Präsenz bewusst wird.
Dieser Strom der Liebe hat kein Ende
und alles und wir alle bleiben in Ihr.
Mein Gebet eine offene Schale
in diesem Strömen im Herzen der Welt,
im Einatmen und Ausatmen,
mal mit, mal ohne Wort,
ein liebendes Aufnehmen und wieder Hingeben,
ein Einvernehmen,
ein Hingerissenwerden,
ein Aufgehen ...

Um Gottes Willen: Ich!

Das Schlüsselwort,
der Shalom,
das Nirwana,
der Große Geist,
der Buddha,
der Heiland und Retter,
die öffnende Kraft,
die barmherzige Macht:
Nicht in der Bibel,
in keiner Heiligen Schrift,
in keiner Tradition,
von keiner Kanzel gelehrt.
Im eigenen Herzen
den innigsten Seelenwunsch aussprechen,
den tiefsten Sehnsuchtsnamen atmen,
in Not,
in Hoffnung,
in Ehrfurcht und Liebe.
Und Er Sie Es kommt,
lässt sich finden,
empfinden,
berühren,
erfüllt und befreit
die eigene ganze Welt.
Das ist alles.
Für alle.

Ich bin dann mal Weg

Am Ende meines christlichen Weges
lebe ich in Christus in mir
und ich geh'
auf eigenen Füßen
in die eine große Liebe.
Was Er mir noch sagt, ist nur:
„Fall nicht zurück,
bleib nicht stehen,
geh' voran."
Wohin!

Askese update

Unendlich geliebt werden
und dann:
Alles loslassen.
Warum?
Um frei zu werden.
Warum?
Um zu lieben.
Warum?
Darum!

Auf der Schwelle des Ewigen

Eine Art Liebeswirkfeld.
Ansprechbar, doch unaussprechlich
nicht blind, doch ohne Augen
nicht taub, doch ohne Ohren
nicht fühllos, doch ohne Haut
nicht willenlos, doch ohne Willen,
nicht planlos, doch ohne Plan
nicht ziellos, doch ohne Ziel
herzlich, doch ohne Herz
personal, doch nicht Person
zeigt es sich in Bildern,
die es nicht abbilden
erscheint es, doch ohne Wesen
und existiert, doch ohne zu sein.
Und doch tastet meine Sehnsucht
im Spiegel meiner Seele
nach dem Antlitz eines Jemand.
Darum:
Beten wir Ihn an,
flehen wir zu Ihr,
geben wir uns Ihnen hin!
Doch glauben wir nicht,
Es zu kennen!
Vielleicht schauen wir manchmal hinüber,
doch immer bleiben wir stehen
auf der Schwelle des Ewigen.

Welche Herrlichkeit!
Ein Garten inmitten der Flammen!
Mein Herz hat sich für jegliche Form geöffnet:
Es ist eine Weide für Gazellen,
und ein Kloster für christliche Mönche,
und ein Tempel für Götzenbilder,
und die Kaaba der Pilgernden,
und die Tafeln der Thora,
und das Buch des Korans.
Ich folge der Religion der Liebe:
Welchen Weg die Karawane der Liebe auch einschlägt,
das ist meine Religion und mein Glaube.
Muhyiddin Ibn Arabi, islamischer Mystiker, 1165–1240

4.
Unterwegs im Neuland: Leidenschaftlich lieben

Kirchen, Moscheen, Tempel schließen sich aus, bekämpfen sich, bekriegen sich.

Im Namen der Wahrheit wird dem anderen seine Wahrheit abgesprochen, abgegrenzt, geneidet, gehasst. Soll es immer so weitergehen?

Was wir heute wissen, ist, dass wir die Wahrheit niemals in Gedanken und Worten ausdrücken und ein für alle Mal haben können, dass jeder Begriff, jedes Bild sich im Bewusstsein des einzelnen Menschen verschieden zeigt. So gibt es viele Namen, in denen wir das Eine suchen und immer wieder suchen müssen. Gemeinschaft werden wir nicht mehr zuerst im gemeinsamen Bekenntnis finden, sondern in der gemeinsamen Haltung der Offenheit, der Großherzigkeit, der Freiheit, mit einem Wort: der Liebe. Wohlgemerkt, nicht der gedachten, sondern der verwirklichten, der erlebten, der gelebten!

Im Namen der Liebe ist keine Grenze zwischen Menschen zu ziehen, keine Mauer zu errichten, kein Krieg zu führen. Und alle Menschen wissen um die Kraft der Liebe und suchen nach ihr seit ihrer Geburt. Schon in der Form des Ersehnten bewegt sie die Welt. Wie viel mehr dann in der Form des Erahnten, Geglaubten, Angenommenen, Erfahrenen, dass diese Liebe nicht nur in einzelnen Menschen zu finden ist, sondern eine allgegenwärtige Quelle und Urkraft des Kosmos ist und eine eigene geheimnisvoll wirksame Präsenz in allem.

Die Erfahrung dieser Liebe kann sich auf so vielfältige Weise ereignen, wie die Welt vielfältig ist.

Ein konkreter spiritueller Übungsweg zu solcher Erfahrung kann das von mir so genannte Gebet der Liebe sein: Es vermag einen ebenso einfachen und alltagsnahen wie seelisch tiefgehenden und heilsamen Zugang zu dieser Erfahrung zu eröffnen.

Obwohl schon in meinem ersten Buch vorgestellt, möchte ich diese kontemplative Art des Betens hier weiter vertiefend beschreiben. Denn hier verbinden sich die mir wesentlich erscheinenden Aspekte für eine herzoffene Spiritualität auf ganz natürliche Weise in einer ebenso schlichten wie umfassenden praktischen Übung: universal menschlich und göttlich einfach!

So ist dies Gebet für jeden liebenden Menschen guten Willens nachvollziehbar und jeder und jede kann es auf die eigene innige Herzensweise beten. Es ruht im Wesen und Kern des Christlichen – ähnlich dem „Herzens-“ oder „Jesusgebet“ – und könnte ebenso von den Mystikern aller Religionen stammen. Denn wie auch immer ich das Göttliche nennen mag: In Liebe wird es sich mir öffnen und mitteilen.

Ich kann dieses Liebes-Atem-Gebet als Tiefenmeditation in Zurückgezogenheit beten (möglichst nie länger als 30 Minuten am Stück und in Gesprächsbegleitung) oder auch spontan jederzeit „zwischendurch“ in den vielen kleinen Alltagsmomenten.

Jeder Mensch will beides: geliebt werden und lieben. So sind es zwei existentielle Grundbewegungen: die empfangende und die hingebende, das Nehmen und das Geben. Im Gebet der Liebe kann ich diese beiden existentiellen Grundbewegungen bewusst und spürbar mit meinem Leib vollziehen und mit dem elementarsten und einfachsten Vorgang meines Körpers verbinden: dem Atmen.

Im Einatmen nehmen, im Ausatmen geben. Mit dem Fließen des Atems die Liebe, das Leben, mein Wesen, Gott selbst empfangen und wieder hingeben. In einer Haltung herzlicher Offenheit einatmen und in liebevoller Hingabe ausatmen. Dabei gelassen und würdevoll bleiben, den Atem nicht forcieren oder irgendeiner Atemmethode folgen, nur so kommen und gehen lassen, wie es sich zeigt! Wenn ich dies in all meiner konkreten Bedürftigkeit und Sehnsucht und zugleich in großer vertrauender Geduld und ehrfurchtsvoller Herzensreinheit tue, wird sich mir die Quelle der Liebe in meinem Innersten öffnen und erfahrbar werden.

Ich trete gleichsam ein in die heilige Wirklichkeit der Liebe. Sie nimmt mich hinein in ihren Lebensraum und Lebensstrom, in das „Gebet der Liebe“, das alle Zeit im Verborgenen geschieht und wirkt. In aller persönlichen Präsenz, die wichtig ist für eine solche Meditation, geht es um dieses Geschehenlassen. Dann kann es sich ereignen, dass sich der Atemfluss öffnet und dieses ursprüngliche Einfachdasein in Liebe vom geglaubten Glauben ins Bewusstsein und Empfinden steigt. In dieser Tiefenerfahrung liebender Verbundenheit mit dem göttlichen Urgrund und zugleich dem eigenen Selbst finde ich den Schatz im Acker meiner Existenz, der nun vom Unterbewusstsein her immer mehr Raum einnehmen darf, heilsam bis in jede Zelle meines Körpers und jeden Winkel meines Daseins mitten im Alltag.

Wenn es um die Liebe geht, bietet es sich sicher an, diese göttliche Quelle auch im Bildwort des „Du“ anzusprechen. Freilich muss klar bleiben, dass es so eng mit mir und Allem verwoben ist, dass das „Du“ kein getrenntes Gegenüber meinen kann. Ich selbst empfinde es so, dass sich das „Du“ menschlich wärmer und dadurch angemessener anfühlt und meiner Erfahrung nach die Quelle sich dieser Ansprache auch herzlicher öffnet. Aber unter dem bergenden Dach dieser Liebe kann jeder und jede je nach individuellem Hintergrund die eigenen Erfahrungen machen, wie auch immer er oder sie sie in Worte fasst. So können viele verschiedene Menschen mit dieser Gebetsweise in Liebe die Eine Große Liebe finden, aus der alle Namen und Bilder erst hervorgehen und die alles trägt, umhüllt und erfüllt, was auch immer in unserem Leben geschehen mag – und erst danach!

So ist das Gebet der Liebe eine radikale Antwort auf die dramatische Frage der Gewalt in unserer Welt und ein Tor in das Neue Land jenseits von Religionsstreit und menschlicher Geringschätzung. Auf diesem Weg wächst die heute überlebensnotwendige Fähigkeit, einander ausnahmslos als Schwestern und Brüder zu sehen und anzunehmen, wie gegensätzlich oder gar feindlich unser Denken, Empfinden und Verhalten sich auch gegenüberstehen mag!

Aus diesem Erfahrungsfeld sind die Wortversuche des Schlussabschnittes hervorgegangen.

Antwort

Die Frage: Gewalt.
Die Frage: Krieg.
Die Frage: Terror.
Die Frage: schwer verwundete Seelen.
Die Frage: Hass.
Die Frage: Angst.
Die Frage: Schutz.
Die Frage: meine Seele.
Die Frage: Tod.

Es gibt viele Antworten.

Nur eine heilt alle: Liebe.

Einfach göttlich

Der Alltag ist oft
komplex,
vielfältig,
unüberschaubar,
verwirrend,
haltlos.
Kopf und Herz überfüllt
von Informationen, Bildern,
Fragen, Sorgen, Widersprüchen.
Zentrifugalkräfte
drohen alles zu zerreißen.
Das Gebet aber ist
einfach
wie eine Wiese im Morgentau,
ein uralter Baum,
wie ein ruhender Fels,
ein strömender Fluss,
wie eine Kuh,
ein Säugling,
ein Kuss:
„Ich bin hier.
Ich bin nicht allein.
Ich freue mich.
Ich leide.
Ich liebe.
Ich warte.
Ich atme.
Ich atme Liebe:
Du Atem der Liebe durchströmst alles."

Aus Erfahrung gut

Die erlösende Erfahrung ist möglich!
Sie schläft im Innern jedes Menschen
einen Winterschlaf
in der Höhle der Vergessenheit.
Erinnert ein Mensch sich
und lässt Zeit und Ruhe
und herzliche Achtsamkeit einkehren,
fällt das Licht der Sehnsucht in die Grotte
und die Wärme der Leidenschaft
weckt die Erfahrung auf,
mit welchem Namen auch immer.
Sie streckt und sie räkelt sich
und erwacht langsam zum Leben
und steigt in lange versunkenen Bildern
und Empfindungen
und Vorstellungen
voller Heil
ins warme Licht des Bewusstseins.
Und der lähmende Modergeruch aus der Tiefe,
der irgendwie immer alles verdarb,
weicht
nach und nach
und immer wieder
dieser Labsal entzückender Einleuchtung.

Du liegst in der Luft

Du lässt mein Atmen
zur Seelenbewegung werden
auf Dich hin.
Ich lasse Dich einströmen
in seligem Genießen.
Du fließt in meinen Leib,
durch meinen Herzblutkreislauf,
belebst alles -
und nimmst mich auf
aus jeder Zelle,
trägst mich mit Dir,
strömst aus mir
wieder hin
in die Welt,
in Alles,
in Dich ein.
Ich lasse Dich
in liebevoller Hingabe,
Begierdestillerin,
Unruhestörer,
Angstöffnerin,
Hingabeempfänger:
Köstlich Labsal in der Not
dring herauf aus Seelengrund,
endlich,
wirklich,
einzig,
ganz.

Der Lohn des Gebetes

Immer wieder kommen
mit leidenschaftlichem Begehren.
Um mein Leben bitten
keine Belanglosigkeiten
Seelengrundbedürfnis
Existenzwuchtiges
der Luft zum Atmen gleich:
um mein Leben bitten!
Und immer wieder
wundgestoßen
in dunkler Stille selig zerschellen
am Geheimnis des Einen Du.
Aufgebrochen in Gelassenheit
das Herz so weit
eingesät zu werden
in tiefe Furche
ein Goldkorn Liebe.

Im Namen der Liebe

Im Namen des Kreuzes
wurde zu Felde gezogen,
Seelen zerfleischt
und immer noch zu Kreuze gekrochen.
In Gottes Namen
werden Kriege geführt
zwischen selbsternannten Guten und Bösen.
„Gott mit uns“,
„Nein, mit uns!“
Im Namen der Liebe
wird das Geschrei verstummen
und die Wahrheit wie ein Himmel gespannt
über schutzbedürftigen Menschenkindern.
Ein offenes Herz,
zum Fragezeichen gewunden,
taugt nicht
als Zeichen
auf den Kriegsbannern dieser Welt.

Seelsorge

Kümmere Dich um Deine Seele.
Sie ist alles, was Du hast.
Ist sie nicht rein und frisch,
einfach und frei
vor Freude und Quellkraft
wie die eines Kindes,
dann:
Halt ein, um Gottes willen!
Sie leidet.
Sie braucht Dich.
Sie wartet auf Dich.
Sie sehnt sich nach Dir.
Sie ist bereit,
wieder zu wachsen und zu erblühen in Dir.
Kümmere Dich um Deine Seele.
Erhöre ihr Flehen.
Richte Dein Leben nach ihr.
Gib ihrem Atem Raum,
achtsam und liebevoll.
Und sie wird Dir den Ruheplatz am Wasser bereiten
und die grünen Auen,
satt darauf zu lagern.

Erlöst

Nicht nur gelassen:
losgelassen,
frei,
Liebe zu schenken
um jeden Preis
als Grund zum Leben.

Mysterium

Du seid einzig.
Ich sind verbunden.
Wir ist vollendet.

Du Du

Das Göttliche „Du“ zu nennen:
das größte Wagnis des Menschen.
Es kommt nahe,
kann berühren,
von Herz zu Herz –
und bleibt doch
der Ursprung des Kosmos,
dessen Wink jede Sonne explodieren lässt,
der Energiekern,
der jeden Blick blind machen kann.
Es ist gefährlich.
Es ist unmöglich.
Es droht alles zu sprengen:
herzzerreißend.
Nur die Sehnsucht
kann es wagen
als Echo des göttlichen Selbst.

Der Lebensstrom

Wie in einer tiefen Unterströmung
fließt mein Leben majestätisch dahin,
sicher bewahrt vor Kampf und Schmerz
an der Oberfläche des Flusses.
Doch auch die Wirrungen der Wellen dort oben
weißt Du zu nutzen,
zu formen
meiner Existenz
einzigartige Schönheit.
In Dir sicher bewahrt
und von Dir wunderbar geformt,
nicht unverletzt,
aber unzerstörbar,
ströme ich Dir
glückselig entgegen.

Rund

Und wieder
Einatmen – Ausatmen
Gehauchtwerden – Hauchen
Im Strömen verbunden,
im Austausch eins.
Alles bekommen
wie am Anfang –
Alles geben
wie dereinst.
Nicht nur mein Wesen,
vielmehr: das Selbst, das Alles,
Heiligen Geist,
Gottes Wesen.
Nichts behalten müssen, weil alles wiederkommt.
Ganz von allein.
Alles geben können, weil es nicht verloren geht
und wiederkehrt.
Sicher
wie die Sonne nach der Nacht,
der Regen zur Quelle
und der Mensch in ewigen Liebesraum.

Das Geschenk

Als ich noch leblos war,
bliest Du mir Deinen Atem
in meines Leibes Raum.
Und meine Seele erwachte
wie aus tiefem Schlaf.
Nun atme ich selbst,
zieh leidenschaftlich liebenden Hauch ein,
gib Ihn selig wieder frei,
hingebungsvoll
zurück in meines Ursprungs Schoß.
Eingeatmet in meinen Seelenleib,
liebend aufgenommen in das eine Heim,
eingewoben in all mein Tun und Sein,
gelangst Du Leben selig an Dein Ziel.

Der siebte Tag

Einfach da sein
mit Dir.
Ruhen
in Dir.
Schauen
mit Deinen Augen.
Und alles sein lassen.

Trunken

Trinken
endlich
aus vollen Zügen
trinken
trinken!
trinken
unbegrenzt
unausschöpflich
die Fülle
aufnehmen
annehmen
einnehmen
zu mir nehmen
habend nicht besitzen
sein
im Sein.

Inspiration

Manchmal
wenn ich Worte schreibe
aus des Einen Welt,
ist es mir,
als ob Tropfen von ewigem Gold
aus meinem Herzen
durch meine Finger rinnen
und erscheinen.
So war es immer.
So wird es immer sein.
Gottes Wort in Menschenwort.
Immer neu.

Macht der Ohnmacht

Oft liegt in den Wunden
das Wunder.
Nicht, dass wir sie suchen müssten.
Wir erleiden genug.
Aber was uns wertvoll macht
und einzigartig wie alte Bäume,
ist das Verwinden der Wunden
in unseren Jahren.
Sich vom Leiden nicht umbringen lassen,
nicht um die Süße,
nicht um die Freude:
Den unvermeidlichen Schmerz wahrnehmen
und schließlich annehmen
wie ein Diadem meiner Kostbarkeit.
Auch die Sorgenfalten
tragen wie eine Krone
und darin den Palast meiner Freiheit finden:
Das ist der machtvoll stille Sieg
des Lebens in uns.

Kosmo-logisch

Das Heimweh des Menschen
ist der Drang des Sternenstaubes
zu seinem Ursprung.
Vollkommen logisch.
Der Energiestrom einer unglaublichen Liebe
erfüllt diesen pulsierenden Quantenwirbel
mit Herzsinn.
Unlogisch vollkommen.

Das Sakrament des Atems

Im atmenden Kommen und Gehen
ist der Heilige Liebesgeist
immer bei mir
und bringt mich zur Welt.

An die Schwestern und Brüder

Meines Lebensbaumes tiefste Seelenwurzeln
reichen weit in jenes quellende Erdreich,
wo wir alle Selbst sind
und eins.

Offen

Unter verhangenem Montagshimmel
sehe ich auf einmal alles offen:
Das offene Herz.
Den offenen Mund.
Das offene Land.
Die offene Wunde.
Das offene Lachen.
Die offene Blüte.
Das offene Tor.
Die offene Hand.
Nur ein Auto mit offenem Verdeck
ist mir nicht vergönnt ...
Aber der Himmel
öffnet sich
Deinem Atem
in mir.

Mitreißend

Ich sehe den Rhein schmelzwasserhoch
in seinem Bett fließen.
Wie der Atem des Lebens
unaufhaltsam majestätisch dahinströmt
in mir und in Allem!

La vie en rose

Du bist die Rose
in meinem Lebensstrauß.
Unsere Kinder die Sonnenblumen,
die lieben Menschen
die Lilien, Nelken, Fresien, Klatschmohn,
Tulpen, Gerbera, ...
der Feuerdorn der Tod,
gebunden mit Alltagsgrünzeug.
Du bist die Rose
mitten in meinem Lebensstrauß,
blutrot samtig
mit starken Dornen
und dem betörenden Duft
nach Heimat.

Credo

Das Göttliche
für mich
eine geheimnisvoll
weiblich-männliche Liebesmacht
lebendig im ganzen Universum
sich verwirklichend.
Im Menschen Raum fassend
in jeder Sekunde des Alltags,
in jeder Zelle des Körpers,
doch nichts erzwingend.
In der Meditation
die Verbindung mit ihr
in unsäglicher Dunkelheit
und Freude.
Im Handeln
immer wieder aufraffend
die Liebesdynamik
in demütiger Kraft.

Liebe unser

Du, unsere Liebesmacht im Überall.
Dein Dasein sei unser Ein und Alles.
Deine Kraft ströme aus.
Deine Wirklichkeit durchflute uns
im Unsichtbaren wie im Sichtbaren.
Nähre uns immer neu im Hier und Jetzt.
Liebe uns frei
wie auch wir unsere Schwestern und Brüder freilieben.
Kläre unseren Grund
und entfessele uns.
Denn Dein ist Alles,
weit über unsere Sehnsucht hinaus.

Kontemplation

Wir erledigen viel.
Manchmal erledigen wir alles.
Dann sind wir erledigt.

Retten wir uns in die Stille:

Dasein

Liebevoll wahrnehmen, was sich zeigt –
und alles sein lassen.

Alles Meine ersehnen –
und mich überlassen.

Alles für möglich halten –
und nichts mehr wollen wollen.

Gott wirken lassen

In der Liebe sein

Dann alles gut machen.

Guter Boden

Die Liebe wurzelt
nur in den Ackerfurchen
der Aufgebrochenen,
die herzoffen bleiben
um jeden Preis.

Verantwortung

Seit dem Urknall erschallt in den Weltraum
das Wort:
„Wo bist Du?“
Nach Jahrmilliarden klingt endlich
in jedem liebenden Gebet
die Antwort mitten aus allen Fragen:
„Hier bin ich.“

Eine Anleitung zum „Gebet der Liebe“

Ich suche mir eine Zeit, einen Ort und eine Körperhaltung, wo ich entspannt und auch wach und aufmerksam für etwa 20 bis 30 Minuten ungestört da sein kann.

~

Ich entscheide mich, jetzt ganz hier zu sein, und ziehe mich äußerlich und innerlich zu mir selbst zurück. Ich mache mir die grundlegende Bedeutung dieser Zeit jetzt für meine Seele und auch für das Heil der ganzen Welt bewusst, mit der ich verbunden bin.

~

Mit meiner ganzen Sehnsucht und Bedürftigkeit öffne ich mich der Fülle der Liebe.

~

Ich setze nun ein Zeichen des Beginnens, indem ich eine Klangschale anschlage und im Verklingen ankomme oder ein Kreuzzeichen mache oder auch ein universales Zeichen der Liebe, das Herzzeichen.

~

Dazu lege ich die Handflächen vor meiner Brust aneinander, führe dann beide Hände langsam senkrecht nach oben, dann auseinander und in einem weiten herzförmigen Bogen wieder nach unten mit den Fingerspitzen zusammen auf meinem Schoß. Mit dieser Bewegung kann ich das Wort verbinden: „Ich öffne mich der Liebe, die mich erfüllt ...“, dann „... mich umhüllt ...“ und am Ende „... und mich trägt.“

Ich kann dies auch in der Du-Anrede ausdrücken.

~

Ich nehme nun auch innerlich Platz, nehme mir meinen Platz und lasse mich nieder.

~

Ich kehre bei mir ein, indem ich die Augen schließe.

~

Ich kann mir sagen: Ich bin jetzt hier. Ich muss nirgendwo anders sein, nichts anderes denken, nichts anderes tun, nichts leisten.

~

Ich nehme mich zunächst im Ganzen wahr, so wie ich jetzt da bin.

~

Ich spüre, wie ich körperlich da bin ... und wie ich innerlich gestimmt bin ...

~

Ich brauche nichts zu verändern, nur wahrnehmen. Alles darf sein.

~

Wenn es für mich passt, kann ich an dieser Stelle auch ins Wort bringen, was mich bewegt, was mir auf dem Herzen liegt, was ich ersehne ... und mich so der Liebe öffnen ...

Um noch tiefer und leibhaftiger da zu sein, kann ich meinen Körper im Einzelnen wahrnehmen – in liebevollem Wohlwollen:

~

Ich beginne bei meiner Leibmitte und spüre meinen Beckenraum in seiner ganzen Weite, von innen nach außen: die Haut, die Kleidung, den Kontakt zur Unterlage.

~

Es ist wichtig, nicht nur dorthin zu denken, sondern dort zu sein und das jeweilige Körperteil selbst spüren zu lassen, so wie es jetzt geht.

~

Von meinem Becken wandere ich mit dieser Wahrnehmung in die Oberschenkel ... dann spüre ich weiter meine Beine hinunter, die Knie ... die Waden ... die Achillessehnen ... die Fersen ... dann die Fußsohlen entlang ... bis nach vorn zu den Zehen ... und Zehenspitzen.

~

Ich bin verwurzelt in dem Grund, der mich trägt.

~

Ich bleibe in diesem Bodenkontakt und gehe nun mit meiner Wahrnehmung ans andere Ende meines Körpers, an den Scheitelpunkt an der höchsten Stelle meines Kopfes, spüre die Kopfhaut, die Haare ...

~

Aufgerichtet, aufrecht, aufrichtig bin ich geöffnet nach oben ins Weite und Freie.

Von dort spüre ich nach vorn zu meiner Stirn ... die Augenbrauen ... die Augenhöhlen ... den Nasenrücken ... die Wangenknochen ... die Lippen ... die Zunge ... Sie kann sich auf den Mundboden ablegen, wenn es mir möglich ist.

~

Dann spüre ich mein Kinn ... den Hals ... über die Schlüsselbeine zu den Schultern ... die Oberarme ... Ellenbogen ... Unterarme ... Handgelenke ... Handflächen ... bis zu den Fingern ... und Fingerspitzen.

~

Jetzt gehe ich mit meiner Wahrnehmung noch einmal hinauf zu meinem Hinterkopf, dort wo der Kopf von der Wirbelsäule getragen wird, und meine ganze Wirbelsäule spürt sich, Wirbel für Wirbel, langsam hinunter, die Halswirbel ... die Brustwirbel ... die großen Lendenwirbel ... bis zum Kreuzbein, das sich wie eine handtellergroße Schale nach vorn öffnet ... und schließlich dem Steißbein.

~

So bin ich wieder angekommen in meinem weiten Becken- und Bauchraum.

~

Dort spüre ich meinen Atem, wie er jetzt kommt und geht ... kommt und geht ... ganz von allein ... Nur wahrnehmen, wie er jetzt ist, nicht eingreifen, nichts verändern wollen ... Ich habe diesen Atem nicht gemacht. Er fließt in mir wie ein Geschenk ... aus ... und ein ... Ein göttliches Geschenk, das mich jederzeit, jeden Moment und jeden Tag begleitet und wohlwollend am Leben erhält. Dieses Liebesgeschenk nehme ich mit dem Einatmen in mich auf, es fließt durch meinen ganzen Körper vom Scheitel bis zur Sohle, in die Fingerspitzen und in jede Zelle ... Und ich gebe es mit dem Ausatmen wieder hin...

Ich lasse dieses Atmen geschehen. In herzlicher Offenheit atme ich dieses göttliche Liebesgeschenk ein ... und atme es in liebevoller Hingabe wieder aus...

~

Ich nehme mir jetzt noch etwa 10 bis 20 Minuten Zeit, insgesamt möglichst nicht über 30 Minuten, für diese Gebetsübung in Stille.

~

Ich bleibe gelassen, unverkrampft, aber auch liebend aufmerksam.

~

Ich lasse den Atem einfach so kommen und gehen, wie er sich zeigt, und beeinflusse ihn nicht.

~

Aufkommende Gedanken und Empfindungen nehme ich liebevoll wahr – so lange wie es für mich stimmig ist ... und lasse sie geduldig, vielleicht mit einem Lächeln, immer wieder los, lasse alles sein und überlasse mich dem liebenden Wirken in meiner Tiefe, indem ich zu der Übung zurückkehre: Liebe mit dem Einatmen freudig empfangen ... Liebe mit dem Ausatmen beglückend hingeben ... selig empfangen ... liebevoll hingeben ... ein ... aus ... selig ... liebevoll ...

Wenn die Zeit vorüber ist, atme ich noch einmal bewusst in diesem Sinne ein und aus, beginne mich langsam zu strecken und zu räkeln, wenn mir danach ist, und kann dann mit meinem Anfangszeichen auch wieder bewusst enden.

~

Wenn ich das Herzzeichen gemacht habe, kann ich nun gleichsam rückwärts mit den Händen in meinem Schoß beginnen: „Ich lebe in der Liebe, die mich trägt ... die mich umhüllt ... und erfüllt."

~

So habe ich am Ende die Handflächen wieder aneinandergelegt vor meiner Brust und kann mit dem wunderbaren hinduistischen „Namasté"- Gruß in einer Verbeugung diese Zeit beenden: „Das Göttliche in mir grüßt das Göttliche in euch (seien es Mitmeditierende oder meine Mitmenschen, die ganze Menschheitsfamilie) und in allen Dingen!"

Diese Gebetsanleitung ist auch gesprochen auf CD erhältlich bei:
johannes.lieder@bistum-essen.de

FAZIT

Thesen für eine spirituelle Suchbewegung der Zukunft

1. Die Welt, die Kirchen und die Religionen brauchen eine Liebeskraft, die aller Gewalt standhält. Denn die Liebe vermag den Hass anzuschauen und den Kreislauf der Gewalt in uns und um uns zu unterbrechen.

2. Die Liebe ist eine. Sie ist das Herz aller Religionen.

3. Diese Liebe ist so etwas wie ein fühlendes Grundprinzip und Energiequell des Kosmos, kreativ, überraschend, unerschöpflich, unzerstörbar, zeitlos ewig, stärker als der Tod.

4. Sie ist auf keinen Ort begrenzbar, doch geheimnisvoll allgegenwärtig.

5. Sie ist kein Gegenüber und doch eine Beziehungswirklichkeit.

6. Sie ist keine Person und wirkt doch personal, mit Leidenschaft und Zärtlichkeit, in Sehnsucht und Freiheit.

7. Sie kann mit allen respektvollen und zärtlichen Namen und Begriffen benannt werden, in lebensstarken Bildern und Symbolen gesehen werden, doch bleibt sie auch geheimnisvoll jenseits aller Namen, Bilder und Begriffe, prinzipiell nicht endgültig dogmatisierbar.

8. Sie hat weder Willen noch Plan, doch will sie geschehen und drängt dazu, sich in allem zu verwirklichen.

9. Sie will aus unendlicher Güte in Herz, Seele, Geist und Körper aller Menschen und in alles Sein einströmen und allen Mangel erfüllen, allen Durst löschen und alle Wunden erlösen.

10. Sie lässt alles sein und trägt, umhüllt und erfüllt es zugleich kraftvoll und leidensfähig. So wirkt sie evolutiv und revolutionär im Werden und Vergehen des Universums.

11. Ihre Allmacht schafft und achtet die Grenze des menschlichen Willens und die Entwicklungsspielräume der Evolution. Sie zwingt niemals und niemand.

12. Sie ist allen herzoffenen Menschen unmittelbar zugänglich.

13. Eine Religion der Liebe ist als Suchbewegung inklusiv, nicht exklusiv.

14. Die Aufgebrochenen mögen in ihren Religionen alle Spiritualität praktizieren, die Erfahrungszugänge zur Wirkmacht der Liebe eröffnet und ihrem Wachstum in reifen und mündigen Persönlichkeiten dient, um jeglicher Gewalt mit immer größerer Klarheit und Kraft entgegenzutreten.

15. Das ebenso einfache wie universale „Gebet der Liebe" oder der ganz offene Rahmen von allen Gebetsformen in der Stille sind weltgemeinsame Erfahrungsquellen dieser Liebe.

16. Das Eintreten in diesen Strom erfolgt in der Stille des persönlichen Gebetes.

17. Die Suchenden beten allein und gemeinsam vor allem in einer großen Stille. Worte, Lieder, Klang und Rituale gehen aus ihr hervor und münden in sie.

18. Sie suchen ihre Entscheidungen gemeinsam in einer Haltung göttlicher Herzensoffenheit, die sie immer neu erbeten.

19. Die Quellen ihrer Wahrheitsfindung sind zuerst die Übereinstimmung mit der Sehnsucht ihres Herzens, mit der Realität, die sich dort als unbedingt gültige innere Empfindung und Stimme vernehmen lässt. Dann der Austausch mit wohlwollender und ehrlicher gegenseitiger Resonanz, die dauerhafte Be-Währung im alltäglichen Leben, Lieben und Leiden und die Abstimmung mit traditionellen und neuesten wissenschaftlichen Erkenntnissen.

20. Die Suchenden bilden ein flexibles, innovatives Kommunikationsnetzwerk mit individuellen Verbindlichkeitsgraden, das alle Aufgaben gleich wertschätzt und so die Bildung von überheblichen Machtstrukturen erschwert.

21. Es erfüllt mit unbändiger Freude und Stolz und der Vision einer gewaltbefreiten Welt, sagen zu können: Ich gehöre dem Strom der Liebe an!

Die Öffnung

Die atmende Stille
morgens am See.
Die Weite des ruhigen Wassers.
Die schwebende Leichtigkeit
der aufsteigenden Dunstschleier.
Die Schönheit des Sonnenglanzes im Wasserspiegel.
Die Freiheit der dahinfliegenden Wildgänse.
Die Kraft des tosenden Windes am Waldrand
über dem weiten Tal.
Der Mut des sich hoch aufschwingenden Milans.
Sie mögen eingehen in mein Herz,
dass es aufnehmen kann der Liebe Strömen
und ganz sich hingeben
ihrem sehnlichen Gebet im Herzen der Welt.

Bibliografische Information der Deutschen Nationalbibliothek

Die Deutsche Nationalbibliothek verzeichnet diese Publikation in der Deutschen Nationalbibliografie; detaillierte bibliografische Daten sind im Internet über <http://dnb.d-nb.de> abrufbar.

1. Auflage 2017

www.echter-verlag.de

Gestaltung: Peter Hellmund
Druck und Bindung: CPI books – Clausen & Bosse, Leck

ISBN 978-3-429-04391-9